Jürgen Brandt

Die Ostseeküste Mecklenburg-Vorpommerns

Übersichtskarte

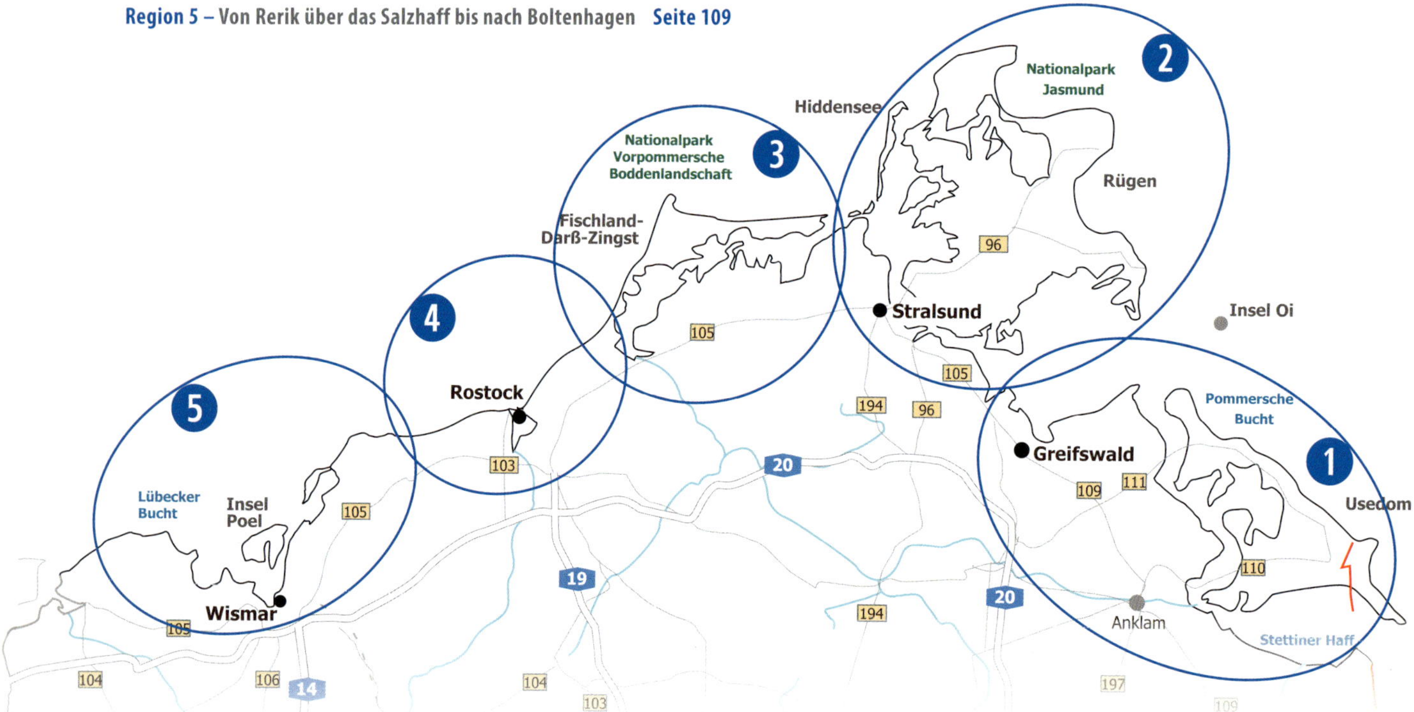

Jürgen Brandt

Die Ostseeküste Mecklenburg-Vorpommerns

steffen verlag

VS26
131

Einführung

Der Ostseeraum entstand vor ca. 12 000 Jahren am Ende der letzten Eiszeit (Weichsel-Kaltzeit), als durch das Abschmelzen des Gletschereises gewaltige Wassermassen frei wurden. Durch das klimabedingte Zusammenspiel fortwährender Meeresspiegelanstiege und Landhebungen entstanden die derzeitigen Küstenverläufe, einschließlich der Mecklenburg-Vorpommerns. Geformt wurde so die schönste Küstenlandschaft Deutschlands.

Im Jahr 2016 ist Mecklenburg-Vorpommern das beliebteste Urlaubsreiseziel der Deutschen gewesen. Auch die Zahl der internationalen Gäste steigt stetig an. Geschuldet ist dies in erheblichem Maße der Anziehungskraft der attraktiven Küstenlandschaften.

Auf einer Länge von 377 Kilometern Außenküste und 1568 Kilometern Binnenküste reihen sich zwischen der Lübecker und der Pommerschen Bucht »Traumstrände« aneinander; mit einer bemerkenswerten Vielfalt von Flora und Fauna sind einzigartige Naturlandschaften erlebbar!

Es beeindrucken vor allem der Nationalpark Vorpommersche Boddenlandschaft und der Nationalpark Jasmund mit seinem als UNESCO-Weltnaturerbe ausgewiesenen Buchenbestand. Das UNESCO-Biosphärenreservat Südost-Rügen, die Naturparks Am Stettiner Haff, Insel Usedom und der angrenzende Naturpark Flusslandschaft Peenetal ziehen die Menschen an. Zahlreiche weitere Refugien wären zu nennen. Eingebettet in diese Landschaften liegen Denkmäler der Vor- und Frühgeschichte. Dörfer, in denen reetgedeckte Dächer die Häuser schmücken, und kleine Städte mit ihren mittelalterlichen Stadtkernen überraschen die Besucher. Bemerkenswert sind bis heute die großen Hansestädte. In ihnen bilden imponierende Zeugnisse der Norddeutschen Backsteingotik Höhepunkte einer ganz besonderen Architektur.

In den folgenden fünf Kapiteln werden viele dieser einzigartigen Regionen vorgestellt.

◀ Badefreude pur – Strandleben in Boltenhagen

Von Greifswald bis zu den Kaiserbädern auf Usedom

Die Region am östlichsten Rand der Mecklenburg-Vorpommerschen Ostseeküste wird durch die Vielgestaltigkeit seines Küstenverlaufes geprägt. Im Zentrum dieser wunderschönen Landschaft liegt mit Usedom die sonnenreichste und gleichzeitig zweitgrößte Insel Deutschlands. Der Peenestrom und das Stettiner Haff trennen sie vom Festland. Im Süden ist sie über die Brücke bei Zecherin erreichbar. Das nördliche »Tor zur Insel Usedom« ist Wolgast. In der Petrikirche der Stadt sind die Angehörigen der letzten Herzogsfamilie von Pommern-Wolgast bestattet. Als Standort der Peene-Werft ist die Stadt Wolgast in der Gegenwart größter Wirtschaftsfaktor des Landesteils.

Vom Nordwesten der Insel Usedom bei Peenemünde erstreckt sich über ca. 40 Kilometer eine Steil- und Flachküste bis an die Grenze zu Polen, deren teilweise fast 100 Meter breite Strände ihresgleichen suchen.

Verläuft die Küstenlinie der Ostsee fast geradlinig, so ist das Hinterland der Insel umso abwechslungsreicher gestaltet. In der stark gegliederten, bewegten Endmoränen-Landschaft finden sich kleine Seen, Felder, Wiesen und Wälder. Hinzu kommen die Uferlandschaften des Achterwassers mit ihren Buchten und Halbinseln, die dem Ganzen einen besonderen Reiz verleihen. In dieser durch zahlreiche Natur- und Landschaftsschutzgebiete gesicherten Landschaft liegen kleine Städte und Dörfer mit ihrem eigenen Charme. »Usedom« ist übrigens nicht nur der Name der Insel, sondern auch der Name einer Kleinstadt, die 1298 das Lübische Stadtrecht verliehen bekam.

Als um 1850 auf der Insel die ersten Badekarren aufgestellt wurden, war die »Badewanne der Berliner« entstanden.

Denkt man an Usedom, denkt man an die »Kaiserbäder«. Drei Seebäder reihen sich längs der Küste aneinander: im Osten Ahlbeck, in der Mitte Heringsdorf und Bansin im Nordwesten. Verbunden werden sie durch eine wunderschöne, einmalige Promenade – die »Europa-Promenade«. Sie erstreckt sich über 12 Kilometer von der polnischen Grenzstadt Świnoujście bis Bansin. Gesäumt wird die Promenade von den prächtigen Bauten der Bäderarchitektur und den Stränden des Meeres. Folgt man dieser Linie, so erscheinen bald die an der schmalsten Stelle der Insel liegenden »Bernsteinbäder« Ückeritz, Loddin, Koserow und Zempin sowie das bekannte Seebad Zinnowitz.

Den Nordwesten der Insel beschließt die Region um Peenemünde, bekannt auch aus leidvoller Vergangenheit. Hier, an der Ostflanke des Peenestroms, der nun die offene See erreicht, liegt das ausgedehnte Naturschutzgebiet Peenemünder Haken, Struck und Ruden.

Verlässt man die Insel in Richtung Westen, trifft man auf die Hansestadt Greifswald mit ihrer 1456 gegründeten Universität, der zweitältesten im Ostseeraum. Interessante Einblicke in die Landesgeschichte und eine hochkarätige Gemäldegalerie (u.a. Caspar David Friedrich, Philipp Otto Runge) erwarten den Besucher im Vorpommerschen Landesmuseum. Wahrzeichen der Stadt ist der Dom St. Nikolai. Sehenswert ist der Marktplatz aus dem 13. Jahrhundert mit dem gotisch-barocken Rathaus.

Der am Flüsschen Ryck liegende Stadthafen inmitten Greifswalds, der Fischerort Wieck an der Mündung des Flusses sowie die beeindruckende Klosterruine Eldena machen die Stadt am Südende des Greifswalder Boddens darüber hinaus zu einem lohnenswerten Reiseziel.

◀ Seebad Zempin – am Achterwasser bei Lüttenort

Strand zwischen den Kaiserbädern Ahlbeck mit seiner berühmten Seebrücke und Heringsdorf

Das Seebad Ahlbeck schmückt sich mit der ältesten, unter Denkmalschutz stehenden Seebrücke Deutschlands.

Am Strand von Ahlbeck, im Hintergrund die historische Seebrücke

◀ Abendstimmung in Ahlbeck

▲ Zwischen Ahlbeck und Heringsdorf warten die Fischerboote auf die nächste Fahrt.

Heringsdorf – Büste von Kaiser Wilhelm I. vor der Villa Staudt an der Promenade

Heringsdorf – die Villa Oechsler

Heringsdorf – auch im Winter zieht die Ostseeküste Einheimische und Touristen an.

Kaiserbad Bansin – Badekarren erinnern an die Anfänge der Seebäder.

Ein warmer Platz

Bansin – prächtige Villen säumen die Bergstraße.

Fischernetze

▲ Wintertag am Strand von Bansin

Votiv-Schiff in der Kirche von Koserow

Morgendlicher Fang

Lüttenort – Museum Atelier des Malers Otto Niemeyer-Holstein am Achterwasser

◄ Am Strand von Ückeritz – Ruhe vor dem Sturm

Die Seebrücke des Ostseebades Zinnowitz, der hölzerne Vorläufer wurde bereits 1905 erbaut.

Marie shook her head. "I don't think so. Their deterrent effect is certainly a lot better and further than the EFE cables we have made, but sweeping the boats around the circumference of the *Lisboa* will merely drive the creatures from under the nearest part of the ship to further parts… and then back again. We'd need more than one of these nets – Mr Mitsos?"

"Ha! Fuck that," said Mitsos. "It took them months to make it on the *Marseilles* and they had to strip the resources from everywhere on the ship. It made *me* very unpopular. Even if you've got the resources onboard, it'd take some time and a lot of belt-tightening."

"Yeah," said Kalmik, "and in the meantime we'd need the REEN boats to chaperone our trawlers and harvesters whenever they left the big ship – which would leave everyone else around here exposed. All we'd end up doing is temporarily displacing the creatures – from under the ship, to an event horizon just beyond the device's effective range, to Athol, to *Hibernia*… God, it goes on. We need to get rid of them for good. We need to work out a way to kill them. That'd solve the problem once and for all."

"Killing them won't be easy either, Katerina, even if we set aside the ethical question as to whether we should contemplate this," said Marie. "Joao wondered how we might test the migration hypothesis. I think the easiest way is to take the farmers somewhere that would be an acceptable home to them. I suspect that's why they've been ranging widely from the *Lisboa*, and explains how they came across the fleet: they're sending out search parties. Let's give them a hand."

"You mean take them to another cenote," said Kalmik.

"Yes, that makes sense."

"The nearest is the Ulster Black, where they came from originally," said Figueroa. "Presumably they won't want to go back and face whatever pressures drove them to migrate in the first place. The Black feeds into the Meridian cenote, where we first encountered the species, so I am guessing not there either. The next nearest cenote is nearly a thousand kilometres away to the south-west: the Courland Line."

"Does it have a fringe forest?" asked Marie.

"Why… ah!" Figueroa nodded slowly. "You suspect that is the indicator of a reaper colony." He smiled gently. "No, Marie, it

▲ Fischerkahn und Reuse am Achterwasser bei Warthe auf der Halbinsel Lieper Winkel

Bockwindmühle von 1779 bei Pudagla

Pferde im Schnee bei Benz

Die Dorfkirche Benz aus dem 15. Jh., im Hintergrund der Schmollensee

Abendstimmung am Achterwasser

◀ Traumhafter Blick von oben auf das Südostufer des Wolgastsees bei Korswandt

Winter in Zecherin am Peenestrom. Im Hafen warten alte und neue Segler auf die nächste Saison.

◄ Stadt Usedom – Verwaltungssitz der Insel, mit St.-Marien-Kirche und historischem Stadttor

Winter am Peenestrom

Die Hubbrücke bei Karnin ist der Rest der ehemaligen Bahnverbindung über den »Strom« auf die Insel Usedom. ➤

»Tor zur Insel Usedom« – Wolgast. Vorn die moderne Hubbrücke: Durchlass für große Schiffe in die Ostsee

Greifswalder Oie – Deutschlands östlichste Insel in der offenen Ostsee ist seit 1995 ein Naturschutzgebiet. Der Leuchtturm wurde 1855 erbaut.

◄ Wolgast – der schöne Altstadtkern mit der St.-Petri-Kirche

COMMERZBANK
Sparkaſſe
Caféhaus
Marimar

Der Greifswalder Stadthafen am Ryck

◄ Greifswald – der Marktplatz mit Kirche St. Marien und historischen Giebelhäusern

Das Pommersche Landesmuseum in Greifswald – gelungene Synthese von historischer und moderner Architektur

Blick durch das Alfred-Krupp-Wissenschaftskolleg auf den Innenhof

▲ Die Ruinen des Klosters Eldena inspirierten schon Caspar David Friedrich.

Stralsund und die Inseln Rügen und Hiddensee

Malerischer als die Hansestadt Stralsund kann ein Ort kaum liegen, direkt am Strelasund, der Meerenge zwischen Festland und Insel Rügen.
Stralsunds Altstadt darf sich seit dem Jahr 2002 wegen der historischen und architektonischen Bedeutung seiner Bausubstanz mit dem UNESCO-Weltkulturerbe-Titel »Historische Altstädte Stralsund und Wismar« schmücken. Viele Klöster, Kirchen, die Stadttore und Bürgerhäuser waren dafür Grund genug. Nicht zu vergessen natürlich das Stralsunder Rathaus, das zu den wichtigsten Profanbauten der Norddeutschen Backsteingotik zählt.
Hinzu kommen das Deutsche Meeresmuseum mit dem Ozeaneum – das meistbesuchte Museum Norddeutschlands –, Häfen, eine Werft und eine Hochschule.
Das »Tor zur Insel Rügen« nennt man die Stadt zu Recht. Ist der Strelasund über den 1936/37 fertiggestellten Rügendamm per Bahn oder über die 2007 übergebene imposante Rügenbrücke mit dem Auto überquert, so ist Deutschlands größte und schönste Insel erreicht – Rügen.
Der Vielfalt ihres Küstenverlaufes und einer überaus abwechslungsreich gegliederten Oberfläche, den Landspitzen und Halbinseln, ihren stillen Binnenseen, den Wäldern, der außergewöhnlichen Boddenlandschaft mit kleinen Inseln, ihren Steilküsten und unzähligen Stränden verdankt die Insel ihre großartige Landschaft. Viele Naturschutzgebiete, besonders der Nationalpark Vorpommersche Boddenlandschaft, der bis an den Westen der Insel reicht, sowie der Nationalpark Jasmund mit seinem uralten Buchenbestand (UNESCO-Weltnaturerbe) und der fast 120 Meter hohen Kreideküste tragen dazu bei.

Hinzu kommt eine Kultur und Geschichte von der Steinzeit bis in die Gegenwart. Unzählige Burgen, Schlösser, kirchliche Bauten und prähistorische Anlagen fügen sich in die Landschaft ein. Das malerische Dörfchen Vitt mit reetgedeckten Fischerhäusern unterhalb Kap Arkonas, die Stadt Bergen, Hauptort der Insel, die ehemalige Fürstenresidenz Putbus mit dem von klassizistischen Häusern umstandenen Rondellplatz sind unbedingt zu nennen. Ostseebäder wie Binz, Baabe, Göhren und Sellin besitzen mit der Bäderarchitektur und ihren Seebrücken ein ganz eigenes Flair. Die Hafen- und Fährorte Sassnitz und Mukran sind sowohl wichtige Wirtschaftsfaktoren als auch Drehscheiben des Ostseeverkehrs. Dies alles lässt die Insel Rügen alljährlich zum Urlaubsziel unzähliger Gäste und Naturliebhaber werden.
Hiddensee ist ein beliebter Urlaubsort für Ruhesuchende. Hier fährt kein privates Kraftfahrzeug; Pferdekutsche, Fahrrad und Schusters Rappen sind angesagt.
Die wunderschöne Insel erstreckt sich an der Westküste der Insel Rügen von Norden nach Süden und liegt im Nationalpark Vorpommersche Boddenlandschaft. Im Süden überrascht eine flache Landzunge – der Gellen – mit ihren Strandwällen, den Dünen und den Heideflächen nahe dem kleinen Fischerort Neuendorf. Kurz hinter Vitte, dem Hauptort der Insel, und Kloster mit seinem urtümlichen Ortskern steigt das Gelände an. Hier breitet sich mit dem steil zur Ostsee hin abfallenden Kliff, dem weithin sichtbaren Leuchtturm und den beiden sich nach Süden ausstreckenden Landzungen Altbessin und Neubessin die unverwechselbare busch- und baumbestandene Hügellandschaft des »Dornbuschs« aus.

< Kap Arkona auf der Insel Rügen mit dem Rest eines slawischen Burgwalls

▲ Stralsund – das Ozeaneum zwischen historischen Speicherbauten und dem alten Lotsenhaus am Hafen

Knieperstraße 9. Hier wurde 1743 das »Kleine St.-Jürgen-Kloster« errichtet.

Innenhof des Johannesklosters, vom Franziskanerorden 1254 errichtet

Am Querkanal

Alter Markt mit zwei Giebelhäusern (14. Jh.), rechts das Wulflamhaus in Backstein

◄ Stralsund – die Altstadt mit dem Alten Markt, dem Rathaus und der Kirche St. Nikolai im Zentrum

Der »Circus« von Putbus – kreisrunder, von klassizistischen Gebäuden umsäumter Platz (1. Hälfte 19. Jh.)

Die Insel Vilm vor der Südküste Rügens, Teil des Biosphärenreservats Südost-Rügen ➤

Ausgedient – alte Anker und Rettungsring

Altes Haus an der Alten Bäderstraße in Vilmitz

Frühling auf der Halbinsel Mönchgut

Halbinsel Mönchgut – Großsteingrab aus der Jungsteinzeit

▲ Das Reddevitzer Höft, Teil der Halbinsel Mönchgut

▲ Ostseebad Sellin – die Seebrücke des mondänen Badeortes existiert seit 1906.

▲ Das Jagdschloss Granitz (19. Jh.) auf dem »Tempelberg« im Biosphärenreservat Südost-Rügen

▲ Binz – das größte Seebad der Insel Rügen mit schöner Bäderarchitektur, breitem Badestrand und Seebrücke

Seebad Binz – das Waldgebiet der Granitz im Biosphärenreservat Südost-Rügen

Die Hauptstraße in der spätherbstlichen Abendsonne

Der »Koloss von Prora« (1936–1939) wird Teil für Teil saniert, im Hintergrund der Fährhafen Mukran.

Das »Schlösschen Lichtenstein« (Ende 19. Jh.) auf der Halbinsel Jasmund

Das Schloss Ralswiek (Ende 19. Jh.) oberhalb des Jasmunder Boddens

▲ Die Gemeinde Lietzow liegt an der schmalsten Stelle zwischen Kleinem und Großem Jasmunder Bodden.

▲ Sassnitz – Stadt mit wichtigem Fährhafen, am Rand des Nationalparks Jasmund

⮝ Die Möwen streiten sich um den vom Fischer aussortierten Fang.

Nationalpark Jasmund – Kreideküste mit »Königsstuhl« und altem Buchenwald (UNESCO-Weltnaturerbe)

»Hühnergötter«, Feuersteine mit Loch, sind begehrte, »glückbringende« Sammelobjekte.

Spiel der Wellen

Quallen – faszinierende Lebewesen

▲ Morgens am Fuß der Kreideküste

▲ Das kleine Dorf Vitt mit seinen reetgedeckten Häusern bei Kap Arkona

Nobbin – fast unmittelbar an der Küste ist eine beeindruckende jungsteinzeitliche Grabanlage zu finden

▲ Eine der vielen schönen Kastanienalleen Rügens verläuft von Nadelitz in Richtung Binz.

Boldevitz – das prächtige Herrenhaus (um 1600) stellt ein herausragendes Architekturdenkmal dar.

Im Frühjahr bei Boldevitz

Sein Feld bestellen …

◄ Bergen mit der Kirche St. Marien liegt im Zentrum der Insel Rügen.

▲ Einfahrt in den Hafen Kloster auf der Insel Hiddensee

In der Inselkirche in Kloster (Überrest des ehemaligen Zisterzienserklosters) – Tonnengewölbe mit Engel, links Votivschiff

Friedhof in Kloster mit der Grabstätte Gerhart Hauptmanns

Das historische Gräberfeld auf dem Friedhof in Kloster

▲ Stürmisches Meer bei Kloster

Auf der Boddenseite bei Kloster

Abendstimmung im Hafen von Vitte

Die »Aasriege« – Natur pur zwischen Kloster und Vitte

Der »Dornbusch« – die hügelige Landschaft im Norden mit dem Wahrzeichen der Insel, dem Leuchtturm auf dem Schluckwieksberg

Die »Blaue Scheune« in Vitte, ein ursprünglich niederdeutsches Hallenhaus

Die Figurensammlung Humunkulus in Vitte zeigt handgefertigte Puppen.

▲ Vitte – romantische Stimmung auf dem Weg zum Strand

Region Fischland-Darß-Zingst

Mit der Region Fischland-Darß-Zingst entdeckt der Besucher ein wahres Kleinod. Die abwechslungsreiche Landschaft dehnt sich längs der Küste nördlich von Dierhagen über Wustrow und Ahrenshoop bis an die Ostspitze der Halbinsel aus und schließt die landeinwärts liegenden Bodden-Gewässer mit ein. Große Teile liegen in dem noch zu DDR-Zeiten im Oktober 1990 eingerichteten Nationalpark Vorpommersche Boddenlandschaft, der sich, die Insel Hiddensee umfassend, bis an die Westseite der Insel Rügen ausbreitet.

Die überwiegend flache Region, die nur im Gebiet des Fischland-Hochufers zwischen Wustrow und Ahrenshoop ansteigt, ist als ein beeindruckender geschützter Naturraum erlebbar. Gebiete wie die Boddenkette mit ihren kleinen Inseln, der »Darßer Ort« oder die »Sundische Wiese« sind einzigartig. Hinzu kommen in die Landschaft eingebettete Dörfer und Städte mit traditionsreicher Vergangenheit, die sich mit moderner Erholungs- und Bäderkultur verbinden. Die Ostseebäder Wustrow, Ahrenshoop, Prerow und Zingst, die am Bodden gelegenen Orte Born und Wieck sowie – im weiteren Sinne – Barth und Ribnitz-Damgarten auf der Festlandseite gehören dazu.

An der Südseite des alten Ahrenshoop verlief einst die Grenze zwischen Mecklenburg und Vorpommern. Die Gemeinde, zu der mittlerweile auch die Dörfer Althagen und Niehagen gehören, lockt mit ihrem schönen Badestrand, ihren reetgedeckten Häusern und dem alten Ortskern. Die ganz eigene Atmosphäre des Ortes entstand wesentlich am Ende des 19. Jahrhunderts. Namhafte Maler wie Paul Müller-Kaempff, Friedrich Wachenhusen und Anna Gerresheim gründeten die Künstlerkolonie Ahrenshoop, in deren Folge Galerien und kleine Kunstmuseen entstanden.

Was Ahrenshoop die Malerei ist, ist dem Seebad Zingst die Fotografie. Alljährlich findet hier zwischen Ostseestrand und Bodden das über die Grenzen des Landes hinaus bekannte Umweltfotofestival »Horizonte« statt. Ausstellungen und Fotoschauen namhafter Fotografen zeigen das ganze Spektrum dieses faszinierenden Genres.

An der Ostsee und dem Prerowstrom gelegen ist das Seebad Prerow. Naturfreunde können von hier aus die Landschaft des Darßer Urwaldes oder »Darßer Ort«, die nördlichste Landzunge der Halbinsel Darß, entdecken.

Blickt man von Zingst über den Bodden nach Süden, wird die Silhouette der kleinen Hafenstadt Barth sichtbar. Die Kirche St. Marien stellt ein beachtenswertes Werk der Norddeutschen Backsteingotik dar. Besuchermagneten sind auch das Adlige Fräuleinstift aus der ersten Hälfte des 18. Jahrhunderts und das Bibelzentrum St. Jürgen.

Am Ostende des Ribnitzer Sees, einer Verlängerung des Barther Boddens im Süden, liegt die Bernsteinstadt Ribnitz-Damgarten. Ribnitz gehörte einst zu Mecklenburg, Damgarten zu Vorpommern. 1950 wurden sie zu einer heute zum Landkreis Vorpommern-Rügen zählenden Stadt verbunden.

◄ Auf der Halbinsel Fischland-Darß-Zingst

▲ Barth am Barther Bodden mit der St.-Marien-Kirche und dem Adligen Fräuleinstift, o.r. im Bild

▲ Möwe und Segelschiff

Am Strand

◀ Die von Prielen durchzogene Insel Großer Kirr im Barther Bodden bei Zingst

Fotofestival »Horizonte«, u.a. überdimensionale Fotos am Zingster Strand

Das Max Hünten Haus in Zingst ist Anlaufpunkt der Fotoenthusiasten.

Ein Zeesenboot mit den charakteristischen braunen Segeln

Prerow mit seinen berühmten Darßer Türen

Die Seemannskirche in Prerow aus dem 18. Jh.

Die große Pforte im hölzernen Kirchturm

▲ Der Prerowstrom prägt die Landschaft zum Bodstedter Bodden.

Die Hirschbrunft auf dem Darß im Nationalpark Vorpommersche Boddenlandschaft – ein großartiges Naturschauspiel

▲ Vom Leuchtturm am Darßer Ort (1848 erbaut) bietet sich ein weiter Blick über Teile des Nationalparks.

▲ Im Hafen von Althagen am Achterwasser, Ortsteil von Ahrenshoop

⮝ Ahrenshoop – ein ganz besonderer Urlaubsort

Der Ahrenshooper Kunstkaten – eine der ältesten Galerien Norddeutschlands

Die Ahrenshooper Fischerkirche – 1951 erbaut und geweiht

Das Kunstmuseum Ahrenshoop – 2013 als Privatmuseum eröffnet

Ehemaliges Atelierhaus der Malerin Elisabeth von Eicken in Ahrenshoop

⮝ Ahrenshoop – idyllisch führt der »Weg zum Hohen Ufer« an die Ostsee

Das Ostseebad Wustrow auf dem Fischland war ehemals ein kleines Fischerdorf.

Typisch für die Ostseeregionen: Bernstein (oben), Fossilien (u.a. versteinerte Seeigel, unten), selbstgebaute Fischer- und Anglerutensilien (rechts)

Das Rathaus von Ribnitz-Damgarten und der Brunnen »Bernsteinfischer mit Familie« (Thomas Jastram)

Das Gutshaus Pütnitz, nördlich von Ribnitz-Damgarten, 1906 Um- und Anbauten im Jugendstil

◀ Ribnitz-Damgarten – Stadt am Ribnitzer See mit der Marienkirche und dem Rostocker Tor (unten rechts)

Von Rostock bis nach Kühlungsborn

Im Raum um das Seeheilbad Graal-Müritz durchquert man den mit ca. 6000 Hektar größten geschlossenen Küstenwald Deutschlands, der bis an die östlichen Gebiete Rostocks reicht.

Warnemünde, heute Stadtteil der Hansestadt Rostock, ist eines der bekanntesten Seebäder. Neben dem breitesten Ostseestrand Deutschlands bietet der Badeort an der Mündung der Warnow die Flaniermeile am Alten Strom, den Leuchtturm und den »Teepott«, den Überseekai als Anlegepunkt für Kreuzfahrtschiffe, die Yachthafen-Residenz »Hohe Düne« und eines der schönsten Segelreviere.

Die Hansestadt Rostock am Unterlauf der Warnow ist der bevölkerungsstärkste und wirtschaftlich bedeutendste Ort in Mecklenburg-Vorpommern. Durch die 1419 gegründete Universität – die älteste im Ostseeraum und Nordeuropas – und weitere Hochschulen ist die Stadt zugleich ein überregionales Bildungs- und Forschungszentrum.

Die Altstadt beginnt südlich des Stadthafens mit seinen alten Speichern. Sie ist reich an historischen Bauten. Die Kirche St. Marien, ein Hauptwerk der Backsteingotik, der Alte Markt mit der Petrikirche, das Hauptgebäude der Universität, die Stadttore, das Kerkhoffhaus und das Kloster zum Heiligen Kreuz mit dem Kulturhistorischen Museum – die Reihe ließe sich beliebig fortsetzen.

Ruhe kehrt ein, wenn man die Metropole Rostock-Warnemünde in Richtung Westen verlässt und das kleine Ostseebad Nienhagen erreicht – jenen Ort mit dem hohen, imposanten Lehmkliff und dem darauf gelegenen bizarren »Gespensterwald«. Fast 200 Jahre sind seine Bäume alt.

Es folgt Deutschlands ältester, 1793 gegründeter Seebadeort Heiligendamm. Eine gewaltige Sturmflut warf im Mittelalter einen 4 Kilometer langen und ca. 30 Meter breiten Strandwall, den »Heiligen Damm«, auf, der den sonst flachen Küstenabschnitt vom Hinterland trennte und namensgebend für den kleinen Ort wurde. Die »Weiße Stadt am Meer« ist heute ein Stadtteil Bad Doberans. Wer es nostalgisch mag, kann das Ostseebad von hier aus mit dem dampfenden »Molli«, einer Schmalspurbahn, erreichen.

Das Seebad Kühlungsborn, umschlossen von einem Stadtwald, ist der größte Bade- und Erholungsort in Mecklenburg. Mit seiner etwas über 3000 Meter langen Strandpromenade längs eines schönen Strandes bis zur neuen Marina im Ortsteil Kühlungsborn-West bietet der Ort eine wunderbare Möglichkeit, sich zu erholen. Die Promenade ist übrigens eine der längsten ihrer Art in Deutschland.

Rostock – der Stadthafen und der Stadtkern an der Unteren Warnow

Das denkmalgeschützte Hauptgebäude der Universität Rostock (erbaut 1867–1870), Neorenaissance

Universitätsplatz mit »Brunnen der Lebensfreude« (J. Jastram und R. Dietrich)

»Große Afrikanische Reise« (Jo Jastram) am Rostocker Stadthafen

Häuserzeile mit historischen und in jüngerer Zeit errichteten Giebelhäusern auf dem Neuen Markt

Alte Speicherbauten des Stadthafens vor der Kulisse der Altstadt

▲ Rostock-Warnemünde – der Alte und der Neue Strom

Die Alexandrinenstraße, Teil der historischen Achterreeg (Hinterreihe)

Kleine Giebelhäuser der Alexandrinenstraße in Warnemünde

Auf dem Rostocker Fischmarkt auf der Mittelmole

Der »Gespensterwald«, das Nienhäger Holz – ein alter Buchenwald an der Steilküste westlich des Ostseebades Nienhagen

Heiligendamm an der Mecklenburger Bucht im Spätherbst. Das Grand Hotel (Tagungsort der Repräsentanten der G8-Staaten, Juni 2007)

▲ Kühlungsborn – auf der Seebrücke und am Strand genießen die Gäste ihren Urlaub am Meer.

Kühlungsborn

▲ Bad Doberan – das Doberaner Münster, bis ins 16. Jh. Kirche des Zisterzienser-Klosters

Von Rerik über das Salzhaff bis nach Boltenhagen

Die Küstenlandschaft zwischen der Lübecker Bucht und Boltenhagen wölbt sich sanft in Richtung See und wird durch ein nur wenige Meter hohes Kliff mit vorgelagertem Strand geprägt. Es erreicht beim Seebad Boltenhagen, nahe Redewisch, mit dem Steilufer Großklützhöved seine größte Höhe – fast 30 Meter. Mit der Region um Boltenhagen und Rerik wird die Küstenlandschaft deutlich abwechslungsreicher. Zu verdanken ist dies der Wismarer Bucht mit ihren Inseln Walfisch und Poel sowie der Halbinsel Wustrow, einem schmalen Landstreifen zwischen der offenen See und dem Salzhaff.

Das kleine Ostseebad Rerik mit seinem Naturstrand liegt zwischen dem Meer und dem nordöstlichen Ende des Salzhaffs. Weithin zu sehen ist die frühgotische St.-Johannes-Kirche mit ihrer roten Bischofsmütze. Ist es auf der Haffseite der kleine Hafen, der zum Verweilen einlädt, so zieht auf der Meeresseite die lange Seebrücke die Touristen an. Verboten ist es dagegen, die westlich gelegene 4 Kilometer lange Halbinsel Wustrow zu betreten. Über Jahrzehnte angesammelte militärische Altlasten machen dies unmöglich. Das Salzhaff selbst ist eine liebliche, durch die Halbinsel Wustrow und den Boiensdorfer Werder fast komplett von der See abgetrennte Wasserfläche der Mecklenburger Bucht.

Poel in der Wismarer Bucht ist mit beinahe 40 Quadratkilometern die siebtgrößte Insel Deutschlands. Ein Straßendamm verbindet sie mit dem Festland. Hauptort ist Kirchdorf am Ende einer tiefeinschneidenden Bucht, Kirchsee genannt. Bekanntester Badeort indessen ist Timmendorf mit dem Timmendorfer Strand an der Westküste der Insel. Der kleine Hafen des Ortes atmet maritimes Flair und ist ein beliebter Anlaufpunkt für Sportboote.

Zwischen der Insel Poel und Wismar liegt die nur knapp 9 Hektar große Insel Walfisch. Das kleine Eiland war im Dreißigjährigen Krieg und auch später Festungsort. Heute liegen die Reste der Anlage unter Wasser, und die Insel ist mit der sie umgebenden Flachwasserzone Naturschutzgebiet.

Die Perle im westlichsten Abschnitt der mecklenburgisch-vorpommerschen Ostseeküste ist die Hansestadt Wismar. Sie beherbergt eine Werft, einen Hafen und eine Hochschule. Mit ihren herausragenden Zeugnissen norddeutscher Backsteingotik, den imponierenden Kirchen, dem Schwarzen Kloster, dem Fürstenhof und dem Markt mit Rathaus, dem Brunnen »Wismarer Wasserkunst« (1602) – dem Wahrzeichen der Stadt – und dem »Alten Schweden«, einem aus Backstein errichteten Bürgerhaus, wurde die Altstadt zum UNESCO-Weltkulturerbe 2002 erklärt.

Das bedeutendste Bauwerk der westlichsten Region liegt unweit der Küste im Klützer Winkel – Schloss Bothmer. Das denkmalgeschützte Anwesen ist Mecklenburg-Vorpommerns größte erhaltene Barockanlage.

Idyllisch wird es im Zentrum des Ostseebades Boltenhagen und dem dazugehörigen Kurpark. Mit dem modernen Yachthafen »Weiße Wiek« im Ortsteil Tarnewitz ist ein Urlaubsdomizil für Segler entstanden.

Das Lebensgefühl Ostsee ist hier noch einmal anders zu erleben – mit viel Meer!

◄ Boltenhagen – die »Weiße Wiek«, OT Tarnewitz, mit dem Fischereihafen Boltenhagen

▲ Seglerromantik im Hafen von Rerik

WINDHUND

Rerik – die Meerseite mit Badestrand und Seebrücke

Auf dem Salzhaff

Die St.-Johannes-Kirche

▲ Der westliche Teil der Insel Poel, im Hintergrund Timmendorf

▲ Timmendorfer Strand mit kleinem Fischer- und Sportboothafen

Segelbooten aufs Deck geschaut

▲ Räucheraal aus der Tonne – ein Klassiker für Genießer

▲ Die Insel Walfisch – eine kleine unbewohnte Insel in der Wismarer Bucht, Naturschutzgebiet

▲ Uferlandschaft an der Wismarer Bucht

▲ Wismar – Altstadt mit Kirche St. Georgen (u.l.), St. Marien (Mitte) und St. Nikolai (o.l.), dazu der Markt mit dem Rathaus

▲ Wismar – das »Gewölbe«, Rückseite des denkmalgeschützten Hauses mit der »Runden Grube«

▲ Die Krämerstraße in Wismar – eine der ältesten Straßen der Stadt mit herrlichen Giebelhäusern

Die »Wasserkunst« (1602 vollendet) auf dem Markt, hinten das Rathaus (1817/19), rechts das älteste Bürgerhaus, der »Alte Schwede« (um 1380)

Fachwerkgiebel, dahinter die Kirche St. Georgen

Giebelrosette an der Südseite der Kirche St. Nikolai

Nahe der Küste, im Klützer Winkel

▲ Schloss Bothmer – größte erhaltene Barockanlage Mecklenburg-Vorpommerns

Das Seeheilbad Boltenhagen an der Küste des Klützer Winkels, unmittelbar hinter dem Strand liegt der gepflegte Kurpark.

Der Konzertpavillon im Kurpark

➤ Westlich des Strandes von Boltenhagen liegt die Steilküste Großklützhöved.

⮝ »Tanz« der Möwen

Dank

Mein Dank gilt zuallererst dem Fotografen Achim Bötefür, der mich mit seinem Fachwissen unterstützte. Den Freunden Dr. Harald Grunert aus Bad Kleinen und Dr. Wolfgang Zessin aus Jasnitz sage ich ebenfalls herzlichen Dank. Ersterem verdanke ich einen wunderschönen Tag auf seinem Schiff und die Gelegenheit, die Ostseeküste zwischen Boltenhagen und Kühlungsborn von der See aus zu fotografieren. Wolfgang Zessin überließ mir verschiedene Versteinerungen aus seiner umfangreichen Sammlung.
Der Bernsteinfischer Engels aus Vitte, Insel Hiddensee, stellte mir dankenswerterweise einen großen Rohbernstein und Herr Schwichtenberg aus Plate seine »Hühnergötter« zur Verfügung. Abschließend sei meiner Frau Gabriele für ihre Geduld und konstruktive Hilfe sowie den Mitarbeitern des Steffen Verlags für die professionelle Zusammenarbeit herzlich gedankt.

Impressum

Die Deutsche Nationalbibliothek verzeichnet diese Publikation in der Deutschen Nationalbibliografie; detaillierte bibliografische Daten sind im Internet über http://dnb.d-nb.de abrufbar.

1. Auflage 2018

Berliner Allee 38, 13088 Berlin, Tel. (030) 41 93 50 14
info@steffen-verlag.de, www.steffen-verlag.de

Herstellung: Steffen Media, Friedland – Berlin – Usedom, www.steffen-media.de

ISBN 978-3-95799-056-3

Bildrechte

Titelbild: Heiligendamm an der Ostseeküste
in der Mecklenburger Bucht.

Zum Autor

Jürgen Brandt, Jahrgang 1951, verlebte seine Kindheit und Jugend im brandenburgischen Lenzen a.d. Elbe und in Raduhn nahe Parchim. Er studierte Hochbau in Neustrelitz und Ur- und Frühgeschichte an der Martin-Luther-Universität zu Halle-Wittenberg; beide Studien schloss er mit dem jeweils spezifischen Diplom ab. Bis zu seinem Eintritt in den Vorruhestand war er Mitarbeiter im Landesamt für Kultur- und Denkmalpflege Mecklenburg-Vorpommern und dort u.a. verantwortlich für die Luftbildarchäologie. Seit jeher galt sein grosses Interesse der Natur, den Reisen in nahe und ferne Regionen. Stets damit verbunden seine Liebe zur Fotografie, die während seiner Tätigkeit als Archäologe bei vielen Ausgrabungen und bei Luftbilderkundungen und -auswertungen auch Bestandteil seiner Arbeit wurde. Jürgen Brandt ist verheiratet, hat zwei erwachsene Kinder und lebt seit 1978 in Schwerin.